LA NOCE
INTERROMPUE,
PARODIE
D'ALCESTE.

LA NOCE INTERROMPUE,

PARODIE

D'ALCESTE,

REPRESENTÉE POUR LA PREMIERE FOIS ;

PAR LES COMÉDIENS ITALIENS,

Ordinaires du Roi, le Jeudi 26 Janvier 1758.

Prix 30 *sols.*

À PARIS;

Chez la Veuve DELORMEL, & Fils, rue du Foin,
à l'Image Sainte Géneviéve.

M. DCC. LVIII.

AVEC PRIVILEGE DU ROY.

NOMS DES ACTEURS.

ALCIDAC,	M^r. Rochard.
MAZETTE,	Mlle. Catinon.
MODESTE,	M^{de}. Favart.
FADES,	M^r. Desbrosses.
JASMIN,	M^r. Sticotti.
DE LA CASSE,	
UN COUREUR,	M^r. de Hesse.
LURON,	
NICODEME,	M^r. Chanville.
GLOUTON,	M^r. Carlin.
LISETTE.	Mlle. Suzette.
TONTINE,	Mlle. Desglans.
GRINVOLE, *Meunier*,	M^r. Duclos.

NOMS DES ACTEURS.

ALCIDAC,	M^r. Rochard.

LA NOCE INTERROMPUE,
PARODIE D'ALCESTE.

ACTE PREMIER.

Le Théâtre repréfente un endroit agréable fur le bord de la Rivière préparé pour une Fête.

SCENE PREMIERE.

ALCIDAC, JASMIN, CHŒUR *qu'on ne voit pas.*

CHŒUR.

EH zing, zing, zing, Madam' la marié',
Ch cla cla ; lira liron, fa fa fa fa, &c.

ALCIDAC.

Ah , je n'y tiens plus, quel creve cœur.

A

2 LA NOCE INTERROMPUE,

JASMIN.

Chantons, Chantons avec le Chœur.

CHŒUR.

Eh, zing, zing, &c.

ALCIDAC.

Encore.

AIR. *Marche de Loevendaal.*

Fuyons vîte Cadet,
Selle mon bidet.

JASMIN.

Vous quittés ces lieux.

ALCIDAC.

Tout y blesse mes yeux.

JASMIN.

Tous ces gens sont joyeux.

ALCIDAC.

Leurs chants sont ennuyeux,
Et leurs jeux
Fastidieux.

JASMIN.

J'ai vû dans tous les coins,
Vingt broches au moins.
Ces friands apprêts,
Causeront nos regrets;
Soyons du festin,

Ne partons que demain.

ALCIDAC.

Non, je cours ici trop grand hazard.
Ah! je partirai trop tard.

JASMIN.

Je ne vous conçois point, le jeune Seigneur
de ce village, Monsieur Mazette votre bon ami,
épouse Mademoiselle Modeste la perle des beau-
tés de ce canton.

ALCIDAC.

Tu m'impatientes en m'apprenant ce que je
sçais.

JASMIN.

Hébien, apprenés-moi donc ce que je ne
sçais pas.

ALCIDAC.

AIR. *Ma Manon ne pleures pas.*

S'il faut te parler sans fard,
Je soupire pour Modeste :
Il faut que je m'éloigne, car ;
Son époux risque si je reste.

JASMIN.

Bon, Mazette est un peu nigaud,
Seigneur vous partirés trop tôt.   (*bis.*)

Songés que dans toutes ces avantures de
A ij

mariage, il y a toujours quelque chofe pour le garçon.

ALCIDAC.

AIR. *Il faut fuivre la mode.*

A l'Hymen j'ai joué cent tours,
A préfent je m'en fais fcrupule;
Je crains de troubler leurs amours.

JASMIN.

Cette crainte eft un ridicule.

ALCIDAC.

Je fuis ami de la maifon.

JASMIN.

Mais, je trouve cela commode.

ALCIDAC.

Ce feroit une trahifon.

JASMIN.

Il faut fuivre la mode.

Depuis quand le Seigneur Alcidac, Capitaine de Dragons, eft-il devenu fi delicat?

ALCIDAC.

Il eft vrai que je démens un peu mon ca-ractere en ne pouffant que des foupirs dif-crets.

JASMIN.

Quoi vous partiriez fans faire danfer Madame la mariée ?

ALCIDAC.

AIR. *C'eft Mademoifelle Manon.*

Mais j'aurois, animal,
Le chagrin capital ?
De voir ouvrir le bal,
Par mon heureux rival.
Verrois-je d'un œil égal,
Ce beau couple marital,
De leur feu conjugal,
A mon amour fatal,
Me donner le regal ?
Quel rôle original !

JASMIN.

Vous ne pouvés vous difpenfer de voir la fête que Monfieur Nicodême, cet honnête Sénéchal de Normandie, prépare pour les nouveaux époux ; reftés du moins jufqu'à la nuit.

ALCIDAC.

AIR. *Chant de l'Opera.*

Ah Jafmin quelle nuit ! Ah, quelle nuit funefte.

JASMIN.

Je vous entends & je conçois que votre imagination va vous préfenter des tableaux rejouiffants qui ne vous amuferont gueres.

ALCIDAC.

AIR. *Tout-ci tout-ça.*

Quoi tandis qu'on s'embrassera
  Tout-ci tout-ça,
Il faudra donc que je demeure ?
Sans rien dire, Alcidac verra.....
  Tout-ci tout-ça,
Hébien, Jasmin, à la bonne heure ;
Mais de moi qui me repondra ?
  Il en sera
Ma foi , ce qu'il pourra.

JASMIN.

J'aime à vous voir prendre ce parti , cela
me donnera le temps de dire des douceurs à la
femme de chambre de Mademoiselle Modeste.

ALCIDAC.

Maroufle, ne t'avise pas de faire une bigar-
rure de tes amours avec les nôtres. Suis moi,
allons au-devant de Modeste pour lui donner
la main à la descente du carrosse, & tâchons
de nous contraindre.

AIR. *Tarar ponpon.*

Cachons ma jalousie ;
  Cette frenesie,
N'est pas d'un grand secours,
Pour servir les amours :
Toujours elle importune,
Il faut pour notre honneur,
Faire contre fortune,
  Bon cœur.

SCENE II.

JASMIN, LISETTE.

LISETTE.

Ecoute, écoute donc Jasmin.

JASMIN.

Tarare, on a déja retranché la moitié de notre rôle, nous ferons mieux de le supprimer tout à fait.

SCENE III.

NICODEME, LISETTE.

NICODEME.

AIR : *Oh lon lan la, Landerira.*

MA Maîtresse épouse Mazette,
O lon lan la landerira ;
Je donne une fête complette,
O lon lan la landerirette,
La Mariée y dansera.

A iv

LISETTE.

AIR : *Lorsque je vois passer Jeannot.*

Je vous trouve bien guilleret,
Pour un Rival qu'on suplante.

NICODEME.

Oh ver ma fei, j'en ai sujet.

LISETTE.

Mais vous perdez votre Amante.

NICODEME.

A mon Rival j'en sçais bon gré,
S'il obtient l'avantage ;
Par ce moyen j'éviterai
L'embarras du ménage.

LISETTE.

Ce n'est pas si mal penser.

NICODEME.

A propos, comment ta jeune maîtresse a-t'elle
passé la nuit ?

LISETTE.

Elle a toujours rêvé , parlé , sauté. Ah quel
plaisir ! Une jeune fiancée ne dort pas comme
une autre.

NICODEME.

Que ton récit me soulage ! J'en ai tant de
joie, que..... que j'en étouffe.

LISETTE.

A merveille , il me paroît que vous vous ré-
jouiffez comme les autres fe fâchent,

NICODEME.

AIR : *O chuch , ma fei.*

L'Amour quand l'efprit ceffe ,
Eft bien-tôt étouffé ,
　O chuch , ma fei ,
D'une vaine tendreffe ,
Enfin , j'ai triomphé ,
　O chuch ma fei ,
D'on'z'au guiéble , verguieu m'dame ,
　Mon cœur dégagé
De l'amour prend congé ,
　O chuch ma fei.

LISETTE.

Cela n'eft pas bien fûr , Monfieur le Sénéchal.

NICODEME.

Oh , très-fûr , preuve de cela , c'eft que c'eft
moi qui donne la fête aux nouveaux Mariés ;
les voici , allons de la joye.

SCENE IV.

ALCIDAC, MAZETTE, MODESTE, FADES, NICODEME, LISETTE,

Gens de la Nôce, Bateliers & Batelieres

Chœur.

AIR : *Chantons Letamini.*

Vivez époux heureux, (4 *fois*)

Mazette et Modeste.

Oh c'eft bien notre envie,

Fades.

Aimez-vous bien tous deux.

Mazette et Modeste.

Pour vous toute ma vie
J'aurai les mêmes feux.

Chœur.

Vivez époux heureux, (4 *fois*)

Fades.

Courage mes enfans, imitez-moi, je me fou-
viens que le premier jour de mes nôces...

PARODIE.

MODESTE.

Ah! mon cher beau pere épargnez ma modestie.

MAZETTE.

Allez, allez mon pere, ne vous inquiétez pas : Mademoiselle Modeste est une éveillée, & moi je suis un gaillard, nous en dirons de bonnes. N'est-il pas vrai poulette?

NICODEME.

Vous aurez tout le tems de lui dire des donceurs, dépêchons-nous de commencer le Bal, en attendant une petite fête d'eau-douce que je vais vous donner sur un train de bois floté.

MAZETTE.

Un train de bois flotté, cela doit être plaisant. Allons jouez-nous le menuet de Madame la Mariée.

MAZETTE & MODESTE dansent le menuet de la Mariée, ensuite plusieurs personnes de la Nôce dansent des Contredanses & des Cotillons.

NICODEME.

AIR : *Un jour dans un plein repos.*

Rassemblez-vous en ces lieux
Habitans des rivieres

Et danfez de votre mieux
Avec vos Ma:inieres,
En l'honneur des nouveux Fpoux,
Allons gais trémouffez-vous tous,
La, la, la, comme à l'Opéra,
La, la, la, la, lere, la, la, la,
Donnez-vous des manieres.

FADES.

Qui font ces Gens-là ?

NICODEME.

Ce font des Bateliers qui vont dérouiller ici leurs jambes pour vous donner tantôt le divertiffement de l'Oye.

Danfe des Bateliers avec leurs lances.

NICODEME prend la Mariée, MAZETTE, ALCIDAC & FADES, pour danfer un branle en chantant le Vaudeville fuivant.

VAUDEVILLE.

Fille qui cherche un favori,
Eft fringante & coquette,
Quand elle a befoin d'un mari,
Eile eft fage & difcrette,
    Eh, zon zon zon,
    C'eft la façon,
Dont fe fert mainte poulette,
    Eh zon zon zon,
    C'eft la façon
Pour attraper un Oifon.

Une femme qui d'un brutal,
En Tapinois se vange,
Un jaloux suppose un rival
Pour qu'il prenne le change;
   Eh zon zon zon,
   C'est la façon,
Dont à présent on s'arrange,
   Eh zon zon zon,
   C'est la façon,
Pour attraper un oison.

❧

Dans la disette languira
Fillette chaste & pure;
Mais qu'elle danse à l'Opéra,
Et sa fortune est sûre,
   Eh zon zon zon,
   C'est la façon,
Dont on gagne une voiture,
   Eh zon zon zon,
   C'est la façon,
Pour attraper un oison.

❧

Galant qui veut rendre un jaloux
Complaisant & commode,
Le sert, le flatte, file doux,
A ses goûts s'accommode,
   Et zon zon zon,
   C'est la façon,
Des bons amis à la mode;
   Eh zon zon zon,
   C'est la façon,
Pour attrapper un oison.

❧

CHŒUR, &c.

On danse.

NICODEME.

AIR: *Dame Guillemette.*

Nous avons affez danfé fur terre,
Il faut à préfent danfer fur l'eau,
Et puis nous rirons au bruit du verre ;
Vous aurez toujours nouveau cadeau,
Nos Mariniers feront une joûte,
   Rien ne coûte
  Pour fes doux amis,
Vous verrez des gens faire la canne,
  Ver'guieu m'damme.
  Vous ferez furpris.

MODESTE.

En vérité, monfieur Nicodême, nous fommes confus de vos procédés.

NICODEME.

Oh, ce n'eft rien, vous verrez bien autre chofe.

MAZETTE.

Et le divertiffement de l'oye ? allons, allons.

NICODEME.

Doucement il eft de la politeffe que je donne la main à Madame.

MAZETTE.

Eft-ce l'ufage de la politeffe, mon chere pere ?

FADES.

Il le faut croire.

ALCIDE.

Oui , mais je vous conseille de les suivre de près.

NICODEME.

AIR: *Il faut l'envoyer à l'école.*

Ote la planche , vîte & prompt ,
Je ne régale que Madame.

MAZETTE.

Ah ! l'infâme.

FADES.

Peut - on nous faire cette affront.

ALCIDAC.

Quoi le perfide nous la vôle?

NICODEME.

Ils ont donné dans mes panneaux ,
Les nigauds ,
Allez tous les trois à l'école.

MAZETTE, ALCIDAC, FADES.

AIR. *Y avance y avance.*

Arrête arrête.

NICODEME.

Allons, allons.
Si jai payé les violons,
Il est juste que je danse.
Avance , avance, avance,
A dieu Héros pleins de prudence.

MODESTE.

Mazette, Mazette, ce n'est pas ma faute.

MAZETTE, ALCIDAC, FADES.

Au voleur, au voleur, au secours.

(Nicodeme & Modeste s'en vont.)

SCENE V.

MAZETTE, NICODEME, FADES.

MAZETTE.

AIR. *Je ne suis pas assez beau.*

MEs amours sont à veau l'eau,
Oh, oh !

FADES.

Le voilà loin du rivage.

ALCIDAC.

Jettons-nous dans un bateau.

MAZETTE.

Oh , oh !
Beau début pour un ménage.

ALCIDAC.

Le maraut.
Va bien-tôt gagner le gîte
Qu'on le poursuive au plus vîte.

MAZETTE.

MAZETTE.

L'atteindrons - nous affés tôt ?
Oh, oh, oh !
L'atteindrons - nous affés tôt.

SCENE VI.

TONTINE, les *Acteurs fufdits.*
TONTINE.

Doucement, doucement : où donc c'qui vont
ces haüris ? Ils l'attrap'ront s'ils courent toujours.

MAZETTE.

Qu'eft - ce que c'eft donc que cette femme
là.

TONTINE.

AIR. *Zifte zefte zon zon zon.*

C'te femme là, c'eft madame Tontine,
Blanchifleufe de ton rival.
En patience prend ton mal ;
I n' faut pas qu'ca t'chagrine.

MAZETTE.

Oh, je veux en avoir raifon.

TONTINE.

Hébien, va, cours à ta ruïne ;

B

Quand il vogue fans aviron ,
Un pauvre époux fait le plongeon.

Tu peux partir quand tu voudras, j'ai fait
ôter les rames de ces Bachots, ils font en bon
état.

ALCIDAC.

Ah! la maudite blanchiffeufe.

MAZETTE.

Nous voilà dans de beaux draps.

TONTINE.

Qu'eft c' qu'il a donc Monfieu l'marié ? Il
eft pâle comme un lendemain de nôces. Regar-
dés-le donc avec fa tête en avant, c'eft que
l'poids l'emporte, le pauv'cher homme : s'il
marchoit les pieds en l'air i' ne s'crott'roit pas
l'toupet, il a d'quoi l'garentir. Adieu donc
bel epoux d'bal ; à la houe, à la houe.

SCENE VII.

GRINVOLE , *Meunier d'un moulin de riviere,*
& les Acteurs précédens.

AIR : *Et j'y pris bien du plaifir.*

Laiffez dire c'te comere ,
Je fuis l'maître de c'moulin.
Pourfuivez le temeraire ;

Je vous v'nons preter la main :
Pour aller a la victoire,
Sarvez - vous de mes bachots ;
Je me suis toujours fait gloire
De proteger les nigauds.

SCENE VIII.

ALCIDAC, FADES, MAZETTE.

FADES.

AH ! l'honnête homme !

ALCIDAC.

AIR. *C'est l'ouvrage d'un moment.*

Ce secours peut sauver Modeste ;
Mais profitons-en promptement ;
Car ce coquin de bas Normand
Pourroit bien jouër de son reste ;
C'est l'ouvrage d'un moment.

Bij

ACTE II.

Le Théâtre repréfente un Château antique avec des foffés.

SCENE PREMIERE.

NICODEME, MAZETTE.

NICODEME.

AIR. *Ah! comme il dit cela.*

LA plainte eft vaine.

MODESTE.

Quelle rigueur inhumaine !
Quoi l'on me traitera
Comme une fille d'Opera.
Ah !
Mais que qu'c'eft donc qu'ça ?
Ah !
Mais que qu'c'eft donc que ça.

Enfemble. {

NICODEME.

Quittez ce ton là,

MODESTE.

Ayez plus de politeſſe
Et plus de délicateſſe,

NICODEME.

Je n'ai pas cette foibleſſe.

MODESTE.

Mais votre façon me bleſſe.

NICODEME.

Oui da , oui da.

MODESTE.

Ah !
Mais que qu'c'eſt donc qu'ça ?
Ah !
Mais que qu'c'eſt donc qu'ça ?

Enſemble.

NICODEME.

Quittez ce ton-là.

NICODEME.

AIR. *Je voudrois faire un bail avec vous.*

Vous m'avez inſpiré trop d'amour,
Et je veux m'en venger en ce jour.

MODESTE.

Vous venger ?

NICODEME.

Oui, cela me courouce.

MODESTE.

Ce ſentiment ne ſied pas aux grands cœurs ;

NICODEME.

Oh d'accord ; mais la vengeance eſt douce
Quand une belle en fait tous les honneurs.

MODESTE.

AIR: *Non, non, non, je ne crois pas.*

Non, n'espérez pas
Sur mon Epoux avoir le pas.

ENSEMBLE.

MODESTE.
{ Non, non, non, n'espérez pas
Me voir tomber aisément dans vos lacqs.

NICODEME.
{ Non, non, n'espérez pas,
Pouvoir sortir aisément de mes lacqs.

MODESTE.

Mais Mazette seul à mon cœur.
Et le mien fait tout son bonheur.

NICODEME.

Qu'elle imprudence !
Cette confidence
M'exite à la vengeance.

ENSEMBLE.

Non, non. n'espérez pas, &c.

MODESTE.

Mais, Mazette étoit votre ami.

NICODEME.

Oh, je suis Corsaire & demi :
Trahir un ami, c'est l'usage.

MODESTE.
Fi, fi,
Soyez plus sage.

ENSEMBLE.

NICODEME. {
Non, non, non, n'espérez pas
Sur mon Epoux avoir le pas,
Non, non, non, n'espérez pas
Me voir tomber aisément dans vos lacqs.

MODESTE. {
Non, non, non, n'espérez pas
Que je renonce à vos appas,
Non, non, non, n'espérez pas
Pouvoir sortir aisément de mes lacqs.

NICODEME.

AIR: *L'Allemande Suisse.*

Que de façons !
Ah finissons.

MODESTE.

Songez à respecter Modeste.

NICODEME.

Zeste.

MODESTE.

Mais......

NICODEME.

Le respect
Est trop suspect,
Ce sentiment
Communément,
Ment.
L'Amour ardent
Doit marcher tambour battant ;
Qui ne sçait point prendre sa bisque,
Risque ;
Dès le début,

Il faut aller à son but,
L'Amour languit quand il attend
  Tant.
  Dois-je en un mot,
  Comme un sot,
   Soupirer,
   Adorer ?
Non, je m'épargne une peine,
   Vaine ;
  Telle qui craint,
  Et se plaint
  D'un transport
  Un peu fort ,
Nous sçait d'un amour outré,
   Gré,
  Des Romans
  Du bon vieux tems ,
  Tous les Amans
  Etoient gens
  Assomans ;
Nous abrégeons les amours ,
Et nous sommes dans nos discours,
   Courts,
  Qu'un baiser.....

   MODESTE.

  C'est trop oser,
Et ! Comment donc ! Il me brusque,
   Jusque.....
  Insolent !

   NICODEME.

  C'est mon talent,
Oh , je ne suis point un galant
   Lent,

Marchons , marchons.

MODESTE.

Perfide, ta méchanceté ne fera pas impunie; voici fort à propos Mazette & Alcidac avec fes Dragons.

NICODEME.

Je ne m'en embaraffe guére; c'eft-moi qui fais la milice du pays, & j'ai tous ces apprentifs Soldats à mes ordres, ainfi que la Maréchauffée, fuivez - moi.

(Il entre dans le Château avec MODESTE.)

SCENE II.

ALCIDAC, MAZETTE, SOLDATS.

MARCHE.

ALCIDAC.

Marchez, marchez,
　　Camarades,
　　Approchez,
Ces coquins retranchés
Ont fait des paliffades;
Dans leur Fort qu'ils foient hachés.
　　A pas comptez,
　　Préfentez
　　Vos gravitez.
Serrez les rangs;
Ce lieu n'eft pas des plus grands.
　　Soyons tous en état;
　　Car c'eft de ce combat
　　Que dépendra
　　Le fuccès de l'Opéra.

SCENE III.

NICODEME, MODESTE, ALCIDAC,
SOLDATS, ASSIEGEANS & ASSIEGE's.

NICODEME, *sur les murs du Château.*

AIR : *Vous m'avez bien l'air, hom, hom.*

Vous croyez vraiment,
Han, han,
Que l'on va se rendre;
Est - ce qu'un Normand,
Han, han,
Se laisse surprendre?
Nous vous attendrons,
Et nous vous gaulerons;
Venez, approchez donc,
Hon, hon,
On vous fera raison.

ALCIDAC.

Marche.

MAZETTE.

Attendez, employons premiérement les voyes
de la douceur.   [*à Nicodéme.*]

AIR : *Si lorsque j'ai connu Lisette.*

Coquin, tu m'as ravi ma femme,
Mon honneur en est offensé;
Mais j'oublirai tout le passé
Si tu la rends.

NICODEME.

Vraiment, tredame.

MAZETTE.

Sans y regarder de si près ,
A ce prix-là , je fais la paix.

NICODEME.

AIR. *Vous irez aux Feuillantines.*

Vous l'aurez à votre tour ,
Quelque jour.

MAZETTE.

Quel revers pour mon amour.

ALCIDAC. (*à Nicodéme.*)

Nous allons punir ton crime.

MAZETTE.

Et moi j'en (*bis*) suis la victime.

ALCIDAC.

AIR. *Où Ninette est-elle.*

Oh c'est trop d'audace ,
Attaquons la place ,
Morbleu point de grace ,
Qu'on fasse main-basse ,
Donnons sans tarder.

NICODEME.

Je ne vous crains mie ;
Pour ma douce amie
Je perdrois la vie ;
Si je l'ai ravie ,
C'est pour la garder.

MAZETTE.

Vengeons cet outrage

ALCIDAC.

Forçons ce Maraut.

NICODEME,

Je brave ta rage,
Il y fera chaud.
Tôt, tôt, tôt, tôt, tôt,
Courage,
Vîte à l'affaut, à l'affaut, à l'affaut.

Ensemble.
{
CHŒUR DES ASSIÉGEANS.

Tôt, tôt, tôt, tôt, tôt, courage,
Vîte à l'affaut, à l'affaut, à l'affaut.

CHŒUR DES ASSIÉGÉS.

Tôt, tôt, tôt, tôt, tôt,
Défendons-nous, traitons-les comme il faut,
}

On affiége le Château.

ALCIDAC.

AIR. *Ces Forbans d'Angleterre.*

La fureur me transporte,
Forçons, caffons,
Brifons cette porte,
Qu'on me prête main-forte.
Amis,
Le fort eft pris,

CHŒUR.

Il eft pris, (3 *fois.*)

SCENE IV.
FADES.

Même Air.

AMis je suis à vous.
Tout va sentir mes coups.
Je viens à la bataille
Percer ,
Pousser ,
D'estoc & de taille ;
Je veux sur la muraille ,
Forcer les ennemis.

CHŒUR.

Il est pris , (*3 fois.*)

FADES.

Comment je viens quand la besogne est faite ?

AIR. *Vous qui cherchez des gens joyeux.*

J'arrive tout exprès je croi ,
Pour me faire mocquer de moi :
Quoiqu'il en soit, en pareil cas ,
Ma peine n'est pas vaine ?
Sans moi l'on ne rempliroit pas
Le vuide de la scene.

SCENE V.

ALCIDAC, MODESTE, FADES.

ALCIDAC à Fadè.

AIR. *C'eft un Enfant.*

Rendez Madame à ce quelle aime,
Raffemblez ces deux amans.

FADES.

Seigneur, rendez là lui vous-même.

MODESTE.   (à *Alcidac.*)

Recevez nos complimens.
Par fon ftratagême,
Sans vous Nicodême,
Me traitoit fans ménagemens,
Il étoit temps, il étoit temps.

ALCIDAC & FADES.

Enfemble.

Il étoit temps, il étoit temps.

FADES.

AIR. *Il n'a pas pû.*

Mais franchement,
Ce bas normand ;
De crainte je foupire :
Malgré les droits de ton époux,
Ce fripon - là....

MODESTE.

Raffurés - vous :

Il a voulu,
Il n'a pas eû
Le tems de me rien dire.

ALCIDAC.

Je suis charmé de vous avoir rendu service
si à propos, je pars.

MODESTE.

Oh, vous resterés s'il vous plait.

ALCIDAC à *Modeste*.

AIR. *De l'Opera*.

Laissés, je dois mes soins à cent de vos pareilles;
Et je dois en ce jour couper cinquante oreilles;
On pourroit s'impatienter,
Ah! de moi, l'univers attend mille merveilles;
Gardez-vous bien de m'arréter.

MODESTE.

Nous ne sommes point la dupe de cette gas-
connade.

FADES.

Non, parlés franchement.

ALCIDAC.

Hé bien, soit.

AIR. *Comme larons en foire*.

Gardés - vous bien de m'arréter,
Vous êtes trop charmante,

Eh, que gagnerois-je à rester ?
L'Himen vous rend contente.

MODESTE.

En fait d'Himen quelque douceur
Qu'une femme reffente,
Ne fçavés-vous pas bien, Monfieur,
Qu'un bon ami l'augmente ?

AIR. *Quand on fe rend aux prefens d'importance.*

A l'amitié comment refter fidele ?
Ah ! Le devoir bien-tôt chancelle
Quand on voit un objet charmant :
Je l'éprouve en ce doux moment,
Et la contrainte eft bien cruelle,
Sans le vouloir, près d'une belle,   } *bis.*
Un ami devient amant.

SCENE VI.

FADES, MODESTE, MAZETTE.

MODESTE.

Puifqu'il part : il faut du moins fonger à cher-
cher mon mari.

AIR : *Bouchés Nayades.*

O Dieux, quel fpectacle funefte !

MAZETTE.

Je n'en puis plus, chere Modefte.

MODESTE.

PARODIE. 33

MODESTE.

Ah, mon pauvre ami ! qui eſt-ce qui vous a traité de la ſorte ?

MAZETTE.

C'eſt ce coquin de Nicodême, qui a pris ſon temps pour me donner un coup de gaule ſur la tête.

MODESTE.

AIR. *Ah vraiment je m'apperçois bien.*

Maudit ſoit le ſcelerat,
Qui me cauſe ce dommage ;
Mazette eſt en bon état,
Pour le jour d'un mariage :
Je croyois d'un ſi doux lien,
Tirer un grand avantage ;
Mais, hélas ! je m'apperçois bien ;
Qu'il ne faut compter ſur rien.

MAZETTE.

AIR. *Sur vos pas, vos appas.*

Vous pleurés,

MODESTE.

Vous mourés ;
Ah, la douceur de la vie ;
M'eſt ravie.

MAZETTE.

Vous pleurés.

MODESTE.

Vous mourés.

34 LA NOCE INTERROMPUE,

MAZETTE. ⎧ Chere épouse vous pleurés,

MODESTE. ⎨ Cher Mazette vous mourés ;

FADES. ⎩ Ah ! vous me défefperés.

MODESTE.

Cherchons vîte du fecours :
Abrégés vos difcours,
Ceux d'un mourant font courts.
Où fur cette chaife,
Un peu plus à l'aife ;
Suivés-en le cours.

MAZETTE, *affis,*

Vous pleurés,

MODESTE.

Vous mourés.
Ah ! la douceur de la vie,
M'eft ravie.

MAZETTE.

Vous pleurés,

MODESTE.

Vous mourés.

ENSEMBLE.

MAZETTE. ⎧ Chere Epoufe vous pleurés.

MODESTE. ⎨ Cher Mazette vous mourés.

FADES. ⎩ A la fin vous m'ennuyrés.

FADES.

Il ne s'agit point de tout cela, un Chirurgien,
un Chirurgien.

SCENE VII.

MR. DE LA CASSE, les ACTEURS susdits.

MR. DE LA CASSE.

J'Arrive à point nommé, constatons l'état du patient. Vous avez le crâne fêlé mon pauvre Seigneur.

MAZETTE.

Oh! c'est de naissance..

MR. DE LA CASSE.

Consolez-vous, vous ne languirez pas long-temps, vous n'avez qu'un instant à vivre.

MODESTE.

Ah Ciel! il en mourra!

MR. DE LA CASSE.

Assûrément ; mais cela ne sera rien, nous le rendrons à la vie avec une goute de la Médecine universelle du Docteur Glouton.

MODESTE.

AIR. *La moitié du chemin.*

Où trouve-t'on ce fameux spécifique?

FADES.

Oh quel est donc
Ce grand Docteur Glouton?

C ij

Mr. DE LA CASSE.

C'eſt un Philoſophe hermétique, cabaliſtique, balzamique, ſudorifique, empirique & magique qui habite une iſle ſolitaire, pour y décompoſer les rayons du ſoleil dans un laboratoire ſoûterain.

MAZETTE.

Fin de l'air ci-deſſus.

Cherchons, Cherchons ce fameux, ce fameux Médecin,
On ne peut trop payer ce reméde divin.

DE LA CASSE.

J'en ſuis le Dépoſitaire; mais comme il n'en reſte plus qu'une goute, il ne m'eſt permis de la donner qu'à une condition.

MODESTE.

Qu'elle eſt-elle?

DE LA CASSE.

C'eſt de procurer à notre Philoſophe les moyens de renouveller ſon reméde.

FADES.

Comment cela?

DE LA CASSE.

Il faut que le ſoufle pur d'un ami véritable, ou d'une femme fidelle, entretienne jour & nuit le feu de ſes creuſets; c'eſt à vous à lui trouver l'un ou l'autre.

MODESTE.

Un ami véritable ?

FADES.

Une femme fidelle ?

MAZETTE.

Ah je fuis mort, que l'on m'emporte. (*on l'emporte.*)

MODESTE.

Ce que vous exigez ne fe trouvera pas facilement.

DE LA CASSE.

C'eft pour cela que la pierre Philofophale eft fi rare. **FADES.**

Voilà une demande bien ridicule.

DE LA CASSE.

Pas plus que la propofition de l'Opéra.

MODESTE.

Et faut - il refter long-tems dans le laboratoire de Glouton ?

DE LA CASSE.

Pefte ! le grand œuvre ne fe fait pas fi promptement ; on doit s'attendre à n'en fortir jamais.

MODESTE.

Jamais !

DE LA CASSE.

Jamais, arrengez-vous là-deffus, j'ai dit, je me retire.

SCENE VIII.

MODESTE, FADES, LISETTE.

LISETTE.

HElas ! je perds un bon Maître.

FADES.

Hélas, je perds un fils qui m'est bien cher.

MODESTE.

AIR *de M. Duni.*

Hélas ! je perds bien plus que vous
En perdant ce que j'aime.
Te voila mort, mon cher Epoux,
Je t'aimois plus que moi-même.
Hélas ! du bonheur le plus doux,
Je n'ai vû (*bis.*) que l'Aurore. (*bis.*)
bis. { Hélas ! je perds bien plus que vous,
{ Je reste fille encore.

Seigneur Fadès, un Pere est un ami veritable, vous allés faire un généreux effort pour vôtre fils.

AIR : *Le bonheur de ma vie.*

C'est à vous de le secourir.

FADES.

Pour lui l'on me verroit mourir,
Si je pouvois encor offrir
Des jours dignes d'envie.

MODESTE.

Quel raisonnement ! moins les jours sont dignes d'envie, moins on a de regret à les sacrifier. Et vous ma chere Lisette ?

LISETTE.

Et moi, Madame, je m'excuse par la raison contraire.

Fin de l'air ci-dessus.

Je suis jeune & je veux jouir
Du plaisir de la vie.

MODESTE.

Chant de l'Opera.

Le devoir, l'amitié, le sang, tout l'abandonne,
Il n'a plus d'espoir qu'en l'Amour. (*Elle sort.*)

FADES.

Il est de la bienseance que je fasse une visite à mon fils avant qu'il prenne congé de la compagnie.

SCENE IX.

FADES, ALCIDAC.

CHŒUR *qu'on ne voit pas.*

AIR: *Il est mort.*

IL est mort, il est mort,
Mazette a fini son sort ;
Il est mort, il est mort.

F A D E S.

Il me paroît que voilà ma visite faite.

C H Œ U R.

Il est mort , &c.

F A D E S.

Ah ! mon pauvre fils.

On entend une Symphonie gaye.

C H Œ U R.

A I R : *Oh , oh , Tourelouribo.*

Mazette rit , chante & danse,
Oh , oh , tourelouribo.

F A D E S.

Je sens naître l'espérance.

C H Œ U R.

Oh , oh , tourelouribo.

F A D E S.

Pour nous qu'elle heureuse chance !

S C E N E X.

MAZETTE, ALCIDAC, FADES.

M A Z E T T E *en dansant.*

Oh , oh , tourelouribo.

Enfin on a trouvé un modéle de fidélité ;
j'ai bû la phiole de beaume universel , & zeste
me voilà tout d'un coup prêt à danser.

FADES.

Mon fils, n'en resteroit-il pas une petite goute pour ton pere?

MAZETTE.

Tôt, tôt, que l'on annonce à ma femme cette nouvelle interressante, & que l'on sçache quelle est la personne charitable qui s'est livrée pour moi.

FADES.

Je vais m'en instruire.

MAZETTE.

Allez, allez, mon cher pere, il faut célébrer la mémoire d'une femme si rare.

___

SCENE. XI.

MAZETTE, CHŒUR.

CHŒUR.

AIR: *O Pierre, ô Pierre.*

Modeste, Modeste,
Pour jamais on vous perd.

MAZETTE.

Quel présage funeste,
Dieux, quel triste concert!

CHŒUR.

Hélas! pauvre Modeste.

MAZETTE.

Quel malheur m'eſt offert !

CHŒUR.

Modeſte , Modeſte ,
Pour jamais on vous perd.

SCENE XII.

MAZETTE, ALCIDAC.

ALCIDAC.

Parbleu, mon ami , tout prêt à monter à cheval , je viens d'apprendre une jolie choſe : ta femme t'abandonne pour aller paſſer ſes jours avec un chercheur de pierre Philoſophale , elle vient de partir.

MAZETTE.

Eſt-il poſſible ! ah ! je ne m'attendois pas à cette preuve d'amitié là.

AIR. *J'ai perdu mon âne.*

J'ai perdu ma femme ;
C'eſt pour me prouver ſa flâme
Qu'elle a fait ce tour.

ALCIDAC.

La pauvre petite ,
Par amour te quitte.

MAZETTE.

Et c'eſt pour toujours.

Elle m'a fauvé la vie par fa fidelité.

ALCIDAC.

Il y a bien des femmes qui font tout le contraire pour faire vivre leurs maris.

MAZETTE.

Mon cher ami me voilà veuf.

ALCIDAC.

Tant mieux, je crois que c'eft ici le moment
de te déclarer que je fuis amoureux de ta femme.

MAZETTE.

Hébien, voilà une nouvelle qui ne laiffe pas
que d'être confolante.

ALCIDAC.

AIR. *Ça n'fe fait pas.*

Mon cher, il faut fans tarder,
Me la céder ;
Sois favorable à ma flâme.

MAZETTE.

C'eft me prier d'être un fot ;
Car en un mot,
C'eft ma femme.

ALCIDAC.

Que d'Epoux moins delicats !

MAZETTE.

Oh, ça n'convient pas,
Ça n'fe fait pas.

ALCIDAC.

AIR. *Paisibles bois jardins delicieux.*

Qu'esperes-tu? renonce à ton amour;
Pour jamais tu la perds, c'est à moi d'y prétendre;
Et je veux moi seul, en ce jour,
Forcer Glouton à me la rendre.

MAZETTE.

Hé bien faites comme vous l'entendrés, voilà
qui est fini : je vous la céde, elle m'est soufflée
trop souvent pour que je ne fasse pas ce marché-
là avec vous ; d'ailleurs, si je voulois la garder, vous
ni perdriés peut-être rien.

ALCIDAC.

J'ai ta parole, adieu.

MAZETTE.

AIR : *J'ai fait l'amour c'est pour un autre.*

Partez, partez, vaillant Dragon,
Enlevez ma femme à Glouton,
Ah, puisse-t'elle être la vôtre.
J'ai fait l'amour c'est pour un autre.

FIN DU SECOND ACTE.

ACTE III.

Le *Théâtre représente un Paysage avec une Rivière*, *& dans le foud une Isle.*

SCENE PREMIERE.

LURON *dans son Bateau.*

AIR : *Lan farira dondaine bon.*

SANS jamais m'lasser
Dessous ces coudrettes,
Je m'plais à passer
Ces jeunes fillettes
  Gué ,
Lan farira lirette
  Bon ,
   Farlarira don don.

Toujours il me vient ,
De bonnes aubaines,
Et je me fais bien
Payer de mes peines,
  Gué ,
Farlarira dondaine ,
  bon ,
Farlarira don don.

Hé v'là l'passeux, v'là l'passeux.

AIR : *Danſe tu Colin.*

Qui veut paſſer l'eau ?
J'ai là mon Bateau,
Je mene à la Maiſon,
Du Docteur Glouton ;
Dans ſon noir
   Manoir,
Chacun vient pour le voir,
Et pour conſulter ſon ſçavoir.

Mais d'avance,
L'ordonnance,
En argent,
Comptant,
Ce vend :
Inutiles,
Mais habiles,
Nos Docteurs ſouvent,
En ſont autant.

J'ai là mon Bateau,
Qui veut paſſer l'eau, &c.

Quiconque veut paſſer,
Ici doit Financer,
Je reçois,
Tous les droits,
Du péage :
Cet uſage,
Eſt fort ſage,
La mode après tout,
Peut changer de goût.

J'ai là mon Bateau, &c.

PARODIE.

AIR : *Pour le peu de bon-tems qui nous reste.*

Il guérit de la Paralésie,
De l'Hipocrisie,
Du mal de Dents,
De la Cornologie,
De la Poësie,
Et de cent maux différens.

♣

A l'Art qu'il possede,
Le plus grand mal cede,
Et cede si bien,
Que qui prend son remede,
Ne craint plus rien.

Allons, allons v'la l'passeux, v'la l'passeux
Luron· Sarpejeu nous aurons aujourd'hui de la
Pratique.

AIR : *Que feroit-on dans la vie.*

Chacun donne dans la Nasse,
Quel profit lorsque l'on est en passe !
Sans que le Public s'en lasse,
Charlatans,
Vivez à ses dépens.
Qu'elle foule déja s'amasse !
En vl'a pour remplir trente Bateaux.

(*LURON fait entrer dans son Bateau plusieurs personnes
qui lui donnent de l'argent.*)

Donne, passe, donne, passe.
Le Docteur guerit de tous maux.
Donne, passe, donne, passe,
(*à part*) Profitons de l'erreur des sots.

SCENE II.

ALCIDAC, LURON.

ALCIDAC.

Fuyez vile Populace,
Qu'à l'inftant on me céde la place,

LURON.

Qu'elle audace !

ALCIDAC.

Qu'on me paffe,
Paffe, paffe, abrégeons les propos.

LURON.

Doucement, doucement, frere.

AIR. *La belle Perruque.*

Je vais d'un coup d'aviron,
Te caffer la nuque.
Eft-ce ainfi qu'on traite Luron ?
Voyez donc ce beau fanfaron,
La belle perruque,
Le beau balai de jonc.

ALCIDAC, *le pouffant dans le bateau.*

Tu fais le raifonneur.

LURON.

Tout bellement donc, je n'fommes pas fait à
c'te magniere de politeffe-là.

AIR. *Toque mon tambourin toque.*

Le Diable t'enleve,

ALCIDAC.

Morbleu finiffons,

LURON.

LURON.

Mais ma barque creve ,
Et nous enfonçons.

ALCIDAC.

Rame , dépêche , acheve , acheve ,
Paſſons , paſſons , paſſons.

SCENE III.

Le Théâtre repréſente le laboratoire de Glouton éclairé par une lampe. On voit dans le fonds pluſieurs garçons qui pillent dans des mortiers , tandis que d'autres ſont occupés à diſtiler. Modeſte eſt auprès d'un fourneau enflámé , & Glouton devant une table chargée de livres & de drogues.

GLOUTON, MODESTE.

GLOUTON.

A I R : *Armide eſt encor plus aimable.*

ENfin l'amitié conjugale ,
En ce jour ſe ſignale.
(à *Modeſte*.) Souflez , ſouflez dans mes creuſets,
Sans vous tout mon eſpoir ſe perdoit pour jamais.
On a peine à trouver épouſe jeune & belle ,
Qui veuille à ſon époux immoler ſes appas ;
Une femme à ce point fidelle ,
Hélas ! eſt un modele
Qu'on ne ſuivra pas.
Avec le CHŒUR.
Enfin l'amitié conjugale
En ce jour ſe ſignale ,
Souflés , &c.

MODESTE.

A I R : *Souflez , ſouflez Berger.*

Souflons , ſouflons toujours ,
D'une conſtance extrême ;
Fidelle à mes amours ,
J'ai ſauvé ce que j'aime.

D

Une fi rare preuve,
Doit furprendre fort ;
Car l'état d'une veuve
Offre un plus doux fort.

GLOUTON.

Allons, pour égayer ce phœnix matrimonial,
je veux faire danfer toute mon apoticairerie.

On danfe.

SCENE IV.
MODESTE, GLOUTON.
GLOUTON.

C'En eft affez. Holà Lenfumé, où eft la lifte
des malades qui font venus aujourd'hui pour me
confulter ? donnez-là à Modefte, elle lira pen-
dant que j'écrirai mes ordonnances. (*à Modefte*)
Commencez.

MODESTE *lit.*

Adelle de Ponthieu. *

GLOUTON.

Adelle de Ponthieu ? Qu'eft-ce qu'elle m'écrit ?

MODESTE *lit.*

AIR : *Sont les garçons du Port au Bled.*

Seigneur, j'ai les pâles couleurs,
Des pamoifons & des langeurs.

GLOUTON *écrit.*

Pour vous fortifier ma chere,
Prenez des goutes d'Angleterre.

---

* Adelle de Ponthieu, Tragédie très-intéreffante, mais dont on
a trouvé le coloris un peu foible.

MODESTE *lit.*

La grande Iphigénie *, pour des convulsions, des vertiges & des vapeurs.

GLOUTON.

On la disoit d'une santé si robuste.

MODESTE.

Elle marque qu'elle vouloit venir vous consulter elle-même ; mais qu'en sortant de son hôtel, l'impression du grand jour l'a fait évanouir.

MODESTE.

AIR : *De necessité.*

Seigneur elle a de l'humeur peccante,
Quelques vers dont la marche serpente.

GLOUTON *écrit.*

Princesse, prenez pour médecine
Une quintessence de Racine.

MODESTE *lit.*

AIR. *Du Cap de Bonne-Espérance.*

La petite Iphigénie, **
A recours à vous Seigneur.

GLOUTON.

Qui cause sa maladie ?

MODESTE.

Trop d'acide, trop d'aigreur;
Elle a de l'humeur caustique,
Et de la bile critique.

GLOUTON *écrit.*

Prenez quelque lénitif,
Et sur-tout un air plus vif.

MODESTE *lit.*

Jeannot, Jeannette,

---

* Iphigénie Tragédie qui a merité le plus grand succès. On ne lui reproche qu'une versification un peu negligée ; deffaut dont on ne s'est point apperçu aux representations, grace à l'art inimitable avec lequel la Demoiselle Clairon, & les Sieurs Le Kin & Bellecour ont jouées cette Piéce.

** Parodie de la Tragédie d'Iphigenie.

D ij

GLOUTON.

Qu'eſt-ce qu'ils chantent?

MODESTE *lit.*

AIR : *Sçavez-vous bien beauté cruelle.*

J'aurions beſoin de vos recettes,
Je déclinons tout doucement.

GLOUTON.

Mes chers enfans , c'eſt que vous êtes,
D'un très-petit tempérament.

MODESTE.

Enſeignez-nous ce qu'il faut faire,
Pour à çal fin de nous ragaillardir.

GLOUTON *écrit.*

Jeannot, Jeannette, allez , allez dormir,
Le repos vous eſt néceſſaire.

SCENE V.

L'ENFUMÉ, *les ſuſdits.*

L'ENFUMÉ.

Monſieur le Docteur il y a là une grande
figure antique qui fait rire & pleurer tout à la
fois.

GLOUTON.

Que me veut-elle ?

L'ENFUMÉ.

C'eſt un vieux bonhomme qui a déja vêcu un
ſiécle, il demande s'il n'y a pas moyen de pro-
longer encore ſa vie.

GLOUTON.

Comment l'appelle-t'on ?

L'ENFUMÉ.

L'Opéra d'Alceste.

GLOUTON.

Qu'il aille se faire mettre en musique.

SCENE VI.
UN COUREUR, *les susdits.*
GLOUTON.

QUe me veut cet homme-là! bon le voilà par terre.

LE COUREUR.

Ah! Monsieur le Docteur, ayez pitié d'un pauvre Coureur hors de condition. Vous qui connoissez tant de monde ne pourriez-vous pas me placer quelque part ?

GLOUTON.

D'où sors-tu?

LE COUREUR.

De chez le faux généreux, * mais je n'ai resté qu'un jour dans cette condition-là.

GLOUTON.

** C'est que tu es un mauvais sujet, va t'en.

LE COUREUR.

Faites-moi donc le plaisir de me prêter de l'argent sur ce gage.

* Le Faux Genéreux, Comédie en cinq Actes, jouée à la Comédie Françoise.
** Le Rôle du Coureur a été retranché à la Seconde Representation.

D iij

GLOUTON.

Qu'est-ce que c'est ?

LE COUREUR.

C'est une mitaine * que j'ai ramassée sous le Théâtre de la Comédie Italienne.

GLOUTON.

Fi donc, comme elle faite.

LE COUREUR.

Oh je puis vous assurer qu'elle n'a servi qu'une fois, elle est toute neuve.

GLOUTON.

Allons, allons, hors d'ici avec ta peste de mitaine, qu'il n'en soit plus parlé.

SCENE VII.

GLOUTON, MODESTE.

MODESTE.

Monsieur le Docteur, voici encore une consultation. GLOUTON.

Lisez. MODESTE.

AIR. de Joconde

** Énée à recours à Glouton,
Voici sa maladie :
Il est glacé par le poison
De la mélancolie.

GLOUTON.

Qu'on le mette auprès d'un grand feu,
Sans cela l'humeur sombre
Poura le réduire avant peu,
A n'être plus qu'une ombre.

* La Mitaine, Comédie, représentée au Théâtre Italien.
** L'Opéra d'Énée & Lavinie.

SCENE VIII.
GLOUTON, LURON,
LURON.

ALerte, alerte, alerte,

GLOUTON.

Qu'eſt-ce qu'il y a , qu'eſt-ce qu'il y a ?

LURON.

Ah ſarpejeu ! not' Bourgeois , je vous amenons
une bonne pratique , allés.

GLOUTON.

A t-elle bien payé ?

LURON.

Je vous en repond,

GLOUTON.

Donne , donne.

LURON , *lui donnant un coup de ſa rame ſur les épaules ,*
Très volontiers.

GLOUTON.

Qu'eſt-ce que c'eſt que ça ?

LURON.

La Monoie dont il ma payé. Je crois jarni-
gué que j'ons paſſé le Diable. C'eſt un vivant qui
vient mettre ici tout en bringue.

AIR : *J'ai ſans y penſer laiſe tomber &c.*
Morbleu qu'il eſt vif !
Cet Eſcogrif,
A mine rogue,
Vient d'avoir l'honneur,
D'étriller votre ſerviteur.
Craignez-en autant.

GLOUTON.

Sur l'inſolent ,
Lachons mon Dogue.

LURON.

Vous & vot' mâtin,
Vous perdez vot' latin.

Tn'ez tn'ez v'la qu'il assomme ce pauv' animal.
Et d'un d'expédié : c'est à présent vot' tour, pour
moi j'gagne le large.

(*Il se sauve avec tous les Garçons du Laboratoire.*)

GLOUTON.

Luron, Luron.

SCENE IX.

GLOUTON, ALCIDAC.

GLOUTON.

AH! le Boureau! il me laisse seul. N'importe
faisons bonne contenance [*en tremblant*] que
demandez - vous ?

ALCIDAC.

AIR des Troqueurs : *On ne peut trop-tôt.*

Il faut ventrebleu,
Me rendre Modeste
Pour peu, malepeste,
Qu'on me la conteste,
On verra beau jeu ;
Je mets tout en feu.
Je jette, je casse,
Creussets & Fourneaux,
Et je te fracasse,
La tête & les os,
Et je te fracasse,

Qu'on me satisfasse,
Tôt tôt tôt tôt,
Il me la faut,

Qu'on me satisfasse,
Dépêche Maraut,
Ou je te fracasse,
Ou je te fracasse,
Ou je te fracasse,
Qu'on me satisfasse,
Tôt tôt tôt tôt,
Il me la faut.

GLOUTON *tremblant.*

Un moment, expliquons nous ?

ALCIDAC.

Comment morbleu tu trembles ?

GLOUTON, *tremblant plus fort.*

Oh, point du tout.

ALCIDAC.

AIR. *La fille de Village.*

Ne crains rien de funeste,
Je ne suis pas mauvais ;
Qu'on me rende Modeste,
Et je te laisse en paix.
Si l'excès de ma rage
A troublé ce séjour,
Pardonne à mon courage,
Et fais grace à l'Amour.

GLOUTON.

Voilà une raison à laquelle on doit céder.

ALCIDAC.

AIR. *Oh regninguê.* (*En levant sa canne.*)

Je vous en prie, allons.

GLOUTON.

Hé bien,
Monsieur, vous m'en priez trop bien,
Pour que je vous refuse rien ;
Que de ces lieux Modeste sorte ;
Et que le Diable vous emporte. (*Il sort.*)

ALCIDAC *à Modeste.*

Allons suivés-moi, je m'empare de vous.

MODESTE.

Hélas, on fait bien voir du pays à la pauvre Modeste.

―――――――――――――

SCENE X.

Le Théâtre représente un lieu décoré pour une Fête.

MAZETTE, CHŒUR.

MAZETTE, *avec le Chœur.*

AIR : *Ah le bel oiseau maman.*

ALcidac a vaincu Glouton,
Il revient avec Modeste,
Alcidac a vaincu Glouton,
Tout céde à ce fier Dragon.

MAZETTE.

Il a pris la balle au bond ;
O jour heureux & funeste !

C'eft à moi de trouver bon
Que ma femme avec lui refte.

Avec le **C H Œ U R.**

Alcidac a vaincu Glouton ,
Tout ce céde à ce fier Dragon.

SCENE XI.

ALCIDAC, MODESTE, MAZETTE.

ALCIDAC.

AIR : *Sabotiers Italiens.*

NE regrettez pas un mari ;
C'eft-moi qui dois être chéri.
Oui , des foins que pour vous j'ai pris ,
Vous devez me donner le prix ;
Mais Mazette vous rend fenfible ,
Vous le regardez en deffous.

MODESTE.

Je fais tout ce qu'il m'eft poffible
Pour ne regarder rien que vous.

ALCIDAC.

Songez à ce que j'ai dit :
Je ne fais point de crédit.

MODESTE.

Je n'ai pû revoir le jour ,
Sans reprendre mon amour.

ALCIDAC.

Vous devez vivre fans mes loix ,
Votre Epoux m'a cédé fes droits.

MODESTE.

Mazette m'a fait cet affront !

ALCIDAC.

Il fait comme bien d'autres font.

MAZETTE.

Oui , je vous ai quittée ;
Mais c'est par sentiment.

MODESTE.

Mais m'a-t'on consultée ,
Sur cet arrangement ?

MAZETTE.

Que ne fait-on point pour sauver ce qu'on aime :
Mon amour extrême
Ma mis dans ce cas.

MODESTE.

Si nous avions eû six mois de mariage ,
Un pareil outrage
Ne surprendroit pas.

ALCIDAC.

Selon nos conventions votre mariage est nul ;
& votre cœur doit être à moi.

AIR : *Allons donc Mademoiselle.*

Allons donc ma belle Dame ,
Je demande mon payement.

MODESTE.

Mais Monsieur , je suis sa femme ,
Faut - il payer doublement ?

ALCIDAC.

Eh allons donc ma belle Dame ,
Je demande mon payement.

PARODIE.

AIR : *Où s'en vont ses gays Bergers.*

Je vous épouse en ce jour,
Et mieux que ce beau Sire,
Des douceurs d'un tendre amour,
Je sçaurai vous instruire ;
Mais à quoi pensez vous donc,
En baissant la paupiere ?

MODESTE.

Qu'en amour il n'est point de leçon,
Qui vaille la premiere.

MAZETTE.

Allés, consolés-vous ma petite, je n'ai sacri-
fié les droits de l'himen que pour faire valoir
ceux de l'amour.

ALCIDAC.

Oui da ! il faut avoüer que je suis un grand sot
de l'avoir ramenée ici ; mais il y a du reméde,
elle va partir tout à l'heure avec moi , faites
vos adieux.

MAZETTE.

AIR : *Adieu donc Dame Françoise.*

Adieu donc ma chere femme,
Pour qui j'ai tant soupiré.
Je m'en vais désespéré.

MODESTE.

Sa douleur me perce l'ame.

MAZETTE.

Je m'en vais désespéré , (*bis.*)
Adieu donc ma chere femme,
Pour qui j'ai tant soupiré.

62 LA NOCE INTERROMPUE,

ALCIDAC.

Ecoute Mazette.

AIR. *Lustucru.*

Va je te rends ta promesse ;
J'ai pitié de tes amours :
Passe avec elle tes jours,
  Je te la laisse,
Malgré que j'en sois féru.
  Lustucru.

MAZETTE.

AIR. *Oh, oh, oh, oh, ah, ah, ah, ah, n'faut pas être grand sorcier pour ça,* avec les variations de M. Duni.

Quoi tout de bon !

ALCIDAC.

Oui tout de bon,
Je pense en homme sage ;
L'emploi d'ami d'une maison
Me flatte davantage ;
Livrez-vous à vos amours,
Comptez tous deux sur mon secours
  Toujours.

TOUS.

Ensemble.
{
Oh, oh, oh, ah, ah, ah, ah, ah,
MAZETTE & MODESTE.
Ah le bon ami que voilà.
ALCIDAC.
Ah les bonnes que voilà.
}

MODESTE.

Second Couplet.

Hélas, Modeste par deux fois

L'a bien échapé belle !
Mon cher je rentre fous tes loix ;
Toujours chafte & fidelle ;
N'ai-je pas eu bien du bonheur ?
Cela me fait un grand honneur ,

MAZETTE.

Modefte touche - là :
Je n'examine point cela la la ,

TOUS.

Ensemble.

{
Oh , oh , oh , ah , ah , ah , ah.

MAZETTE.

La rare femme que j'ai là.

MODESTE.

Ah le bon époux que voilà.
}

MODESTE.

Troifiéme Couplet.

De mains en mains, mon cher époux ;
Je paffe dans les vôtres ;
Les revers d'un deftin jaloux ,
M'en font craindre encor d'autres ;
Si notre ami refloit ici ,
Je n'aurois pas tant de fouci.

MAZETTE.

S'il ne tient qu'à cela,
Je fuis bien sûr qu'il reftera la la.

TOUS.

Oh, oh , &c.

MODESTE.

Quatriéme Couplet.

Si vous partez, n'allez pas loin ;

ALCIDAC.

Votre intérêt m'arrête ,
Vous me trouverez au befoin ;
Je m'en fais une fête :

64 LA NOCE INTERROMPUE,

Pour rendre un service d'ami,
Je ne suis jamais endormi.

MODESTE.

Je compte sur cela.

ALCIDAC.

Oui, pour vous mon zele agira la la.

TOUS.

Oh, oh, &c.

MAZETTE.

Cinquième Couplet.

Il faut qu'à titre d'écuyer,
Monsieur vous accompagne.

ALCIDAG.

Finissons crainte d'ennuyer;
Déja le froid nous gagne:
Pour réchauffer le dénouement,
J'ordonne un divertissement;
Souvent un Opéra
N'a que cette ressource là, la la.

TOUS.

oh, oh, oh, oh, ah, ah, ah, ah,
Ainsi gaiment on finira.

F I N.

APPROBATION.

J'Ai lû, par ordre de Monsieur le Chancelier, *La Noce interrompue*, Parodie d'*Alceste* & je crois que l'on peut en permettre l'Impression. A Paris, ce 21 Février 1758.

CRÉBILLON.

379

www.ingramcontent.com/pod-product-compliance
Lightning Source LLC
LaVergne TN
LVHW022015080426
835513LV00009B/730